LA RANA DE BOSQUE

David M. Schwartz, galardonado autor de libros infantiles, ha escrito libros sobre diversas materias que han deleitado a niños de todo el mundo. El amplio conocimiento de las ciencias y el sentido artístico de Dwight Kuhn se combinan para producir fotografías que captan las maravillas de la naturaleza.

David M. Schwartz is an award-winning author of children's books, on a wide variety of topics, loved by children around the world. Dwight Kuhn's scientific expertise and artful eye work together with the camera to capture the awesome wonder of the natural world.

Please visit our web site at: www.garethstevens.com
For a free color catalog describing Gareth Stevens Publishing's list of high-quality books and multimedia programs, call 1-800-542-2595 (USA) or 1-800-461-9120 (Canada). Gareth Stevens Publishing's Fax: (414) 332-3567.

Library of Congress Cataloging-in-Publication Data

Schwartz, David M.
      [Wood frog. Spanish]
      La rana de bosque / David M. Schwartz; fotografías de Dwight Kuhn; [Spanish translation, Guillermo Gutiérrez and
   Tatiana Acosta]. — North American ed.
            p. cm. — (Ciclos de vida)
      Includes bibliographical references and index.
      Summary: Briefly describes the development of wood frogs from egg to maturity.
      ISBN 0-8368-3000-8 (lib. bdg.)
      1. Wood frog—Juvenile literature. [1. Wood frog. 2. Frogs. 3. Spanish language materials.] I. Kuhn, Dwight, ill. II. Title.
   QL668.E27S3918   2001
   597.8'92—dc21   2001042833

This North American edition first published in 2001 by
Gareth Stevens Publishing
A World Almanac Education Group Company
330 West Olive Street, Suite 100
Milwaukee, WI 53212 USA

Also published as *Wood Frog* in 2001 by Gareth Stevens, Inc.
First published in the United States in 1999 by Creative Teaching Press, Inc., P.O. Box 2723, Huntington Beach, CA 92647-0723.
Text © 1999 by David M. Schwartz; photographs © 1999 by Dwight Kuhn. Additional end matter © 2001 by Gareth Stevens, Inc.

Gareth Stevens editor: Mary Dykstra
Gareth Stevens graphic design: Scott Krall and Tammy Gruenewald
Translators: Tatiana Acosta and Guillermo Gutiérrez
Additional end matter: Belén García-Alvarado

Printed in the United States of America

1 2 3 4 5 6 7 8 9 05 04 03 02 01

LA RANA DE BOSQUE

David M. Schwartz
fotografías de Dwight Kuhn

TRAMPOLÍN A LA
CIENCIA

Gareth Stevens Publishing
A WORLD ALMANAC EDUCATION GROUP COMPANY

Es primavera, y vas paseando por un bosque. De repente, una pequeña rana color café atraviesa el sendero saltando. Sus patas traseras son grandes y fuertes. Tiene ojos protuberantes, con una mancha negra detrás de cada ojo. Es una rana de bosque.

En primavera, las ranas de
bosque acuden a las charcas
cercanas en busca de pareja.
Un macho hincha la garganta
y croa ruidosamente. Una
hembra lo oye y se le acerca.

Para aparearse con la hembra, el macho la agarra por detrás. Luego, la hembra pone miles de diminutos huevos en una masa gelatinosa, y el macho los fertiliza.

Los huevos parecen pequeños puntitos. Cada punto es una célula. Después de que un huevo ha sido fertilizado, la célula se divide en dos. Luego, cada una de esas dos células se divide de nuevo en dos, y se convierten en cuatro. A su vez, esas cuatro células se dividen en ocho células.

Las células siguen dividiéndose. En poco tiempo hay muchas células que toman una forma alargada y delgada, con una cola en un extremo y una boca en el otro. Las células se han convertido en un diminuto renacuajo.

La masa gelatinosa está llena de pequeños renacuajos, o larvas de rana, que salen en aproximadamente una semana. ¡Los renacuajos más parecen peces que ranas!

Como un pez, un renacuajo nada agitando la cola de un lado a otro. Y, también como un pez, respira bajo el agua por medio de branquias.

Un renacuajo dispone de pequeños dientes con los que come plantas acuáticas, como, por ejemplo, babosas algas verdes.

A medida que el renacuajo va creciendo, su cuerpo cambia.
Primero, le aparecen patas traseras; luego, patas delanteras.
Luego, su cola empieza a encogerse.

En el interior del cuerpo del renacuajo se están desarrollando los pulmones, con los que será capaz de respirar aire. Esta joven rana está casi lista para salir de la charca.

Cuando una rana joven sale a tierra, parece una rana adulta, pero de menor tamaño. Vive en el bosque, comiendo insectos y otros animales pequeños. A veces se oculta debajo de piedras o de hojas caídas para no ser devorada por una culebra, un mapache o cualquier otro depredador. Si se encuentra en peligro, rápidamente se aleja dando saltos.

Después de unos años, la rana joven se hace adulta. Un día de primavera, acudirá a una charca del bosque en busca de pareja, y nacerá una nueva generación de ranas de bosque.

¿Puedes poner en orden las siguientes etapas del ciclo de vida de una rana de bosque?

Respuesta

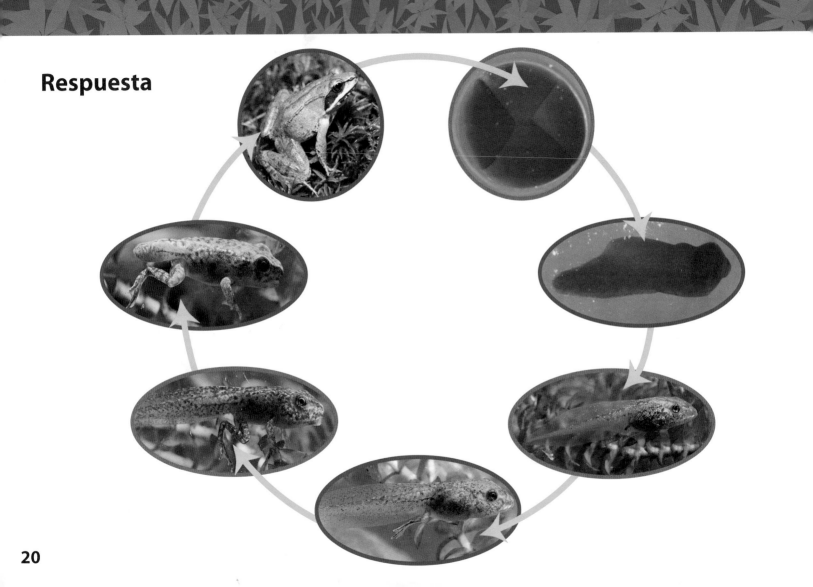

20

alga: pequeña planta acuática que carece de raíz, tallos u hojas y crece en grupos.

aparearse: unirse a otro animal para tener crías.

branquias: órganos, o partes del cuerpo, que permiten a los peces y a otros animales respirar bajo el agua.

célula: parte más pequeña y básica de un animal o de una planta.

croar: emitir la rana un ruido con la garganta.

depredador: animal que se alimenta de otros animales.

dividirse: separarse en dos o más partes.

fertilizar: unir las células femeninas y masculinas para formar una planta o un animal núevos.

gelatinoso: que tiene la consistencia de la gelatina.

generación: grupo de personas o animales nacidos en un mismo periodo de tiempo.

masa: porción densa de un material casi sólido.

pareja: compañero con fines de reproducción en una especie animal.

protuberante: abultado, que sobresale.

renacuajo: cría de la rana, que tiene cola y respira por medio de branquias.

ACTIVIDADES

Anfibios asombrosos

Una rana de bosque es un anfibio, es decir, un animal que vive en tierra y en el agua en diferentes etapas de su ciclo de vida. Tritones y salamandras son también anfibios, y sus ciclos de vida son muy similares a los de la rana. Consulta libros y visita páginas de Internet para reunir más información sobre estos asombrosos anfibios y su desarrollo, desde el huevo hasta el animal adulto. Luego, dibuja las etapas del ciclo de vida de un tritón o de una salamandra.

Observación de ranas

Pídele a un adulto que te acompañe a una charca, un río o un lago para observar ranas. Un buen observador de ranas debe mirar con mucha atención. A veces sólo es posible ver unos ojos que sobresalen del agua. Si no descubres ninguna rana, no hagas ruido y escucha. ¿Cómo describirías los sonidos que hace una rana? Trata de compararlos con otros que conozcas, como el que haces al frotar un dedo en el borde de un peine o al tocar una cuerda de banjo. Cuando llegues a casa, escribe todo lo que viste y escuchaste. Si observaste de cerca alguna rana, dibújala y trata de averiguar qué tipo de rana es.

Haz un aparato para ver renacuajos

Puedes crear un aparato para observar la vida subacuática de los renacuajos. Pídele a un adulto que te ayude a cortar la parte superior y el fondo de un cartón de leche de medio galón (2 litros). Cubre el fondo del cartón con un plástico de envolver transparente y sujétalo bien con una banda elástica fuerte. Lleva tu aparato a una charca. ¡Asegúrate de que te acompaña un adulto! Con cuidado, pon en el agua la parte cubierta de plástico y mira por el otro lado. ¿Ves huevos, renacuajos o ranas?

Más libros para leer

Anfibios. Barry Clarke (Random House)
Asombrosos sapos y ranas. Colección Mundos asombrosos (Editorial Bruño)
Ciclos de la vida animal (ranas). Jo Ellen Moore, Joy Evans (Evans-Moore Corp)
Coquí y sus amigos, los animales de Puerto Rico. Alfonso Silva Lee (Pangaea Press)
El himno de las ranas. Elsa Cross (CIDCLI)
Los primeros anfibios. B. Marvis, Isidro Sanchez, Luis Rizo (Chelsea House Publishers)
Vegetación de los ríos, lagos y pantanos. B. Marvis (Chelsea House Publishers)
Todo acerca de los estanques. Colección Quiero conocer (Editorial Galera)

Páginas Web

http://coqui.lce.org/acarabal/coqui.html
http://www.lablaa.org:80/blaavirtual/letra-s/site/225.htm

Algunas páginas Web no son permanentes. Puedes buscar otras páginas Web usando un buen buscador para localizar los siguientes temas: *anfibios*, *ranas*, *charcas*, *renacuajos*, *sapos* y *coquí*.

ÍNDICE